Dépôt légal Bibliothèque Nationale, février 1999.
ISBN : 2-84181-066-6
Imprimé à Hong Kong

J'ai des écailles
QUI SUIS-JE ?

Texte de Moira Butterfield
Illustré par Wayne Ford

bilboquet

Ma peau est rugueuse.
Elle est écailleuse, épaisse et très dure.
Ma queue est longue.
Mon museau est large et court.

Qui suis-je ?

Regarde mon œil

C'est la nuit.
Je flotte sur l'eau.
Mes yeux brillent
dans la lumière
d'argent de la lune.

Je cherche ma nourriture.
Si cette appétissante tortue
s'approche de moi,
je bondirai sur elle
pour l'avaler.

Regarde ma peau

Ma peau est rugueuse
et écailleuse.
Elle est très épaisse
et me protège
des attaques.
Vois-tu mes écailles ?

Lorsque je flotte
sur l'eau, on me prend
pour un rondin de bois.
Peux-tu me distinguer
dans ce marais ?

Regarde mon museau

J'ai deux grosses narines
au bout du museau.
Elles se ferment
quand je nage sous l'eau.

Parfois, je rampe
sur terre. Mon museau
me permet de flairer
la nourriture.
Avec ce raton laveur,
je pourrais faire
un bon repas.

Regarde mon dos

Quand il fait beau,
je prends des bains
de soleil au bord de l'eau.
J'aime sentir la chaleur
du soleil sur mon dos.

Je suis long, mais plat.
Quand je me déplace,
mon ventre frotte
sur le sol.
Je laisse des traces
de boue derrière moi.

Regarde ma patte

Mes pattes me
permettent de bien nager.
Mais parfois, les marais
sont asséchés…

Avec mes griffes
tranchantes, je creuse
des trous au bord
de l'eau pour m'abriter.

Regarde mes dents

J'ai quatre-vingts dents.
Avec mes dents, je peux mordre la nourriture et la déchiqueter.
Ma mâchoire est si puissante que je réussis à briser les os.

Quand je ferme la gueule, mes dents du fond sont cachées.
Je ne suis donc pas un crocodile !

Voici ma queue

Pour avertir les autres animaux de ma présence,
je cingle l'air avec ma queue.
Mon cri ressemble à celui du lion.

J'ouvre la gueule et je rugis.

As-tu deviné qui je suis ?

Je suis un alligator

Montre du doigt

ma peau rugueuse,
ma longue queue,
mes dents pointues,
mes yeux jaunes,
mes griffes tranchantes,
mon museau.

On m'appelle
l'alligator américain.

Voici mes petits

Je construis un nid
douillet pour eux.
Lorsqu'ils sortent
de l'œuf,
je les protège.

Ils sont si petits
que je dois les surveiller
attentivement, car
beaucoup d'animaux
aimeraient bien
les manger.

Voici l'endroit où je vis

Je vis dans les marais et dans les lacs.
Essaie de trouver les alligators, le serpent,
l'aigrette blanche et les ratons laveurs.

Voici une carte du monde

J'habite dans le sud-est de l'Amérique du Nord.

Et toi, où habites-tu ?

Essaie de répondre à ces questions

Combien ai-je de dents ?

Comment est ma peau ?

Où naissent mes petits ?

Pourquoi je cingle
l'air avec ma queue ?

Où est-ce que je vis ?

Quelques mots de vocabulaire

Museau : la partie avancée de ma face.

Écailles : les petites plaques rugueuses
qui recouvrent ma peau.
Ma peau est écailleuse.

Rugueux : râpeux, rude au toucher.

Cingler : frapper fort, fouetter.

Marais : étendue d'eau partiellement recouverte
de végétation.